JN439117

청어詩人選 221

이름값

신두업 시집

도서출판 청어

시인의 말

세 번째 시집을 묶는다.
시집 제목을 많이 고민했다.
세상 모든 것은 저마다 이름이 있고
적절한 이름값이 있다.
내 이름 '두업(豆業)'은 좀 특이해서 어린 마음에
창피하다고 초등학교를 예명으로 다니기도 했다.

콩이 업이라는 이름 때문인지
콩가루나 간장 된장이 된 콩처럼
삶의 시련 너무 버거워, 때로는 속상하기도 했다.
요즈음은 사람들이, 시인다운 이름이라고,
특이해서 기억하기 좋다고들 한다.
그동안 원망한 부모님께 죄송하다.

여태껏 이름값을 열심히 치렀으니,
이 시집『이름값』은 독자에게 사랑받았으면 좋겠다.
시평을 써주신 임문혁 선생님께 감사드린다.
사랑하는 나의 자녀, 격려하고 후원해준 형제들,
시 짓는 할머니를 자랑스러워하는 손주들에게도,
고맙다는 말을 전하고 싶다.

2020년 1월 영운서재에서
신두업

차례

3부 어째야 쓰까이

4부 물의 설법

5부 지구 따라 돌다

해설

1부

함께 사는 게
어떻겄소

그 산에 가면

어스름 밀어내며 밝아오는 새벽
잠 못 이뤄 뒤척이던 몸 일으켜
터벅터벅 너의 몸 깊숙이 들어가면
싱그러운 잎사귀 시어를 속살거리고
행과 연을 나누어 시를 짓는 초목들

가파른 길에서 헉헉
밤새 고인 외로움 토해내고
우직한 바위에 걸터앉으면
살랑살랑 애무하는 바람결
나무의 행간에 앉은 산새들
청아하게 낭송하는 오늘의 시

숲속 골골이 메아리쳐 나도 모르게
홍얼홍얼 가벼워지는 발걸음
어느새 산마루에 말간 햇덩이 두둥실
온누리에 고루 퍼지는 눈 부신 햇살

혀

홍살문 지나 하얀 대리석 문지방 너머
세 치 키에 뭉툭한 몸매를 지닌 너는
말을 잘 부리는 재주꾼이요
주인 해치는 작은 돌멩이나 생선 가시도
서슴없이 가려내고, 맛난 음식이 들어오면
넙죽넙죽 고마워할 줄도 알고
누군가 제 주인을 힘들게 할라치면
말갈기 곧추세우고 비수라도 휘두를 듯
당당한 기세로 앞장서는 지킴이다

여기저기 나랏돈 줄줄 새고
밤낮 가리지 않는 날치기에
보이스피싱까지 멈추지 않는 요즘
이말 저말 바꿔가며 채찍을 휘두르니
TV, SNS, 가리지 않고 날뛰는 말(言), 말(言)
어지럼증 돋는 세상의 변방 곳곳에서
파발마처럼 달리는 혀 같은 지킴이들
번번이 곤두박질에다 찬밥 덩어린데
여전히 말을 부리는 혀! 거침없이 혀를 부리는 말!

함께 사는 게 어떻것소

이 웬수 덩어리들!
눈을 부라리며
제초제를 확 뿌린다

텃밭에서 제 영역을 넓히던
바래기 명아주 쇠비름이 소리친다
이거, 왜 이러시나!
이 땅은 원래 당신 것이 아니여
농약, 우리만 죽는 것이 아니여

당신 오장육부에도 쫘악 스며들어
바래기처럼 뿌리박아 줄기 뻗고
어느 날 반란을 일으키면
방사선, 항암제도 속수무책
쇠비름 근성의 글리포세이트 각오하쇼

진즉에 심보 고쳐 잡수시고
우리 그냥 서로 밀고 당기며
아웅다웅 함께 사는 게 어떻것소

설악산 주목

설악산 소청봉 지나서
대청봉 분지의 누운 주목들
그 높은 자리에서 낮고 낮게
꿇어앉다 못해 아예 엎드려
서로서로 팔짱 끼고
둥글둥글 어우러진 푸른 동족애

그 삶이
천년을 사는 비법인가!

하산하는 오색약수 길
목 곧은 아름드리 주목들
높이 더 높이 시샘하듯 겨루다가
폭설에 목 부러지고 팔 꺾인 채
풍상에 시달리는 잿빛 몸뚱어리

죽어서도 저렇게
천년을 서 있어야 한다니……

정상

아침나절 높은 산 끌어안고 오르는 길
가파르고 험난해도 가쁜 숨 몰아쉬며
별도 달도 따올 기세로 바라보는 정상

누구나 쉽게 오르지는 못할지라도
정상을 오른 이의 기쁨도 잠시다
높고 탁 트였어도 사방은 낭떠러지
온갖 바람 세차게 불어와 뒤흔들고
정수리로 내리쪼이는 따가운 햇볕
함부로 오래 머물 수 없는 곳이다

오른 것만이 전부가 아니다
석양을 이운 저녁나절 등에 업힌 산비탈
허리를 굽히고 조심 또 조심
환희의 자리는 뒤돌아보지도 말자
무사히 집으로 돌아가야 생의 완주다

갑옷 입고 태어나

초여름 갑옷 입고 일어서는 자손들
우리의 선조는 충무공 휘하에선 비호같은 화살
녹두장군 지휘엔 죽창으로 앞장섰다

왜 하필 여기에 터를 잡았냐고? 성난 묘지기
톱과 낫 휘두르니 용맹한 기질도 속수무책
패잔병처럼 퍽퍽 쓰러지는 푸른 장신들

집 안팎 살림살이도 플라스틱 철기에 뺏기고
아무도 알아주지 않는 홀대받은 천덕꾸러기
오로지 두더지 작전으로 찾아온 주군의 무덤 앞

지난날 공적은 역사의 책갈피에 잠들고
서슬 퍼런 묘지기 고엽제 뿌리는데
아서라, 우리는 조총과 맞섰던 불굴의 자손이다

쌀 품은 페트병

–북한 동포 돕기 행사

보릿고개 넘는 북한 동포 만나려고
사백여 페트병은 각각 1.3ℓ의 쌀을 안고
자맥질하며 둥둥 밀물 따라
연백 앞바다로 행군할 때
갯바람 철썩철썩 등 떠밀어 응원하고
전송하는 동포들 너도나도 합장 기도

고려, 조선 자유로이 오가던 강화 나루터
녹슨 삼 팔 가시철망은 풀릴 줄 모르고
지구촌 열린 문도 스스로 빗장 걸어
백성의 눈 귀 가리는 새파란 젊은 군주
죄 없이 배 곯리며 핵폭탄만 키우는데
위대한 영도자라고 받들어야 하는 동포들아

여기, 뜨거운 마음 모아 띄우나니……

뱀들의 기승

요즘 여기저기서
당했다고 시끌벅적
회색 숲 곳곳에 똬리 튼 족속들

으슥한 곳이나 방만한 장소
슬슬 틈새를 노리다 한순간
휘감아 낚아채는 음흉한 동물

목숨을 노리는 살모사
정신을 호리는 화사
난데없이 덮치는 능구렁이

정신없이 발동한 웅(雄)은
종족 번식 본능을 지닌 탓이라고
당한 자(雌)에게 피하지 않았다고

워메! 힘이 법이여
점점 위태로운 세상
먹성 좋은 돼지 떼 풀어놔야지

형체도 없는 녀석이

한겨울 콧속을 비집고 들어온 녀석
목으로 파고들어 여우처럼 캑캑거리며
양어깨를 짓누르고 골머리 들쑤셔
방구석에 패대기치는 힘, 항우장사다

형체도 알 수 없는 녀석한테
계속 당할 수만은 없어 머리띠 질근 동이고
녹두죽에 곰국까지 막무가내로 밀어붙이니
점점 유치한 꼼수로 능청스러운 변수
오장을 끌어올려 토악질로 짓누른다

다시, 생강 도라지 모과 계피 등
따끈하고 달콤한 차로 어르고 달래도
몇 날 며칠을 죽치고 드러누운 고집불통

보름이 지나서야 슬슬 엉덩이를 들썩이며
음식 투정에 찬바람 들이지마라 호통치고
사오일을 더 뭉그적거리던 놀부 심보
드디어 시어른처럼 에헴, 에헴 떠나는 소리

우리 웃으며 사세

빵을 찾아 종일 헤매다가
집에 오면 몸은 절인 배추
남편은 우리 웃으며 사세

육십 년을 함께 산다 해도
서로 눈 맞추는 시간은
십 년도 아니 된다던 당신

늘 고픈데 웃을 수 있느냐고
시큰둥한 대거리에도 그냥
우리 웃고 사세

어느 날 홀연히 별이 된 당신
새벽예배 갈 때면 초롱초롱한
눈빛으로 우리 웃으며 사세

행복인 줄도 모르고

튀김을 하다 갑자기 얼굴로 튄 기름 몇 방울
병원에서 붙여준 두꺼운 거즈 두 개

눈동자가 무사해서 다행이라고
스스로 가슴을 다독인다

삼 주일 동안은 물이 닿으면 덧난다는 처방
머리는 물론 얼굴까지 함부로 씻을 수 없다

며칠을 궁리 머리 아닌 얼굴에 헤어 비닐 캡
쓰고 머리를 감고 나니 날아갈 것은 개운함

그동안 소소한 행복들, 행복인 줄도 모르고
오늘 처음 인양 느끼는 이 엄청난 행복감……

하얀 꽃 흐드러질 때

늦은 오후의 산책길
아카시 꽃향기 이끌려
아른아른 유년으로 내달아간다

청보리 찰랑거리는 고향 들녘
앞 뒷산 아카시 꽃 흐드러지면
하얀 고봉 쌀밥 눈부신 이팝나무
삐삐랑 찔레순마저 하얗게 꽃피웠다

보릿고개 넘는 뻐꾸기 소리
꽃내음 멀미 나는 오솔길 걷다가
소나무 우듬지 하나 뚝 꺾어
쪼그리고 앉은 보리밭이랑
혀끝에 감기는 달보드레한 속살 맛
허기 달래며 마냥 즐거웠던 그때

계절 없이 먹거리 넘치는 요즘
뒤뚱뒤뚱 헉헉거리는 산책길

혼자가 아닌 것을

누구랑 사세요?
서슴없이 '혼자요'

아뿔싸!
혼자가 아닌 것을

앞뒤로 쌍 대문 십오 층 건물
층층이 외대문 일백 쉰 개에 경비원까지
위아래 좌우 기둥과 벽이 같은 집

함께 승강기를 오르내리고
함께 관리 하면서……

차마 버릴 수 없어

스물한 번째 꾸리는 이삿짐
살구꽃 분분하던 날
하나둘 장만해 내 손에 닳은 세간들

아내 자리 홀연히 사라지고
아이들이 모두 분가해도
내 곁에 묵묵히 남아있는 것들

한 가마짜리 쌀 뒤주는
전기밥솥 전자레인지 받침대로 쓰일 뿐
바깥주인 유품 몇 점 해묵은 가계부
방명록 끌어안은 등 터진 문갑
아이의 첫돌 밥그릇, 숟가락까지

이제 거처할 곳도 줄이고 줄였는데
차마 버릴 수 없어
나보다 먼저 탑차에 태웠다

누가 누굴

한강, 강태공의 낚싯대 즐비하다
생계수단도 아니면서
하필 물고기 목숨 갖고 즐기는지

풀밭에 돗자리 깔고
들꽃 화관 만들어 호호 하하
손녀들 함께 저무는 하루

자리를 걷어내자
꺾이고 짓눌려 으깨진 들풀
순간, 얼굴이 후끈

낚시꾼 흘기던 조소
누가 누굴 비웃었는지

보은

봄. 봄. 그 허기진 봄날
어디서 무얼 잘못 먹었는지
두 눈에 불을 켜고 펄펄 뛰다
거품을 토하며 쓰러진 재둥이

어머니는 번번이 행상을 떠나시고
아버님도 종종 집을 비우시면
두 귀가 쫑긋, 영리하고 용맹스럽게
밤낮으로 우리를 지켜 준 충견

모처럼 보신 거리 생겼다고
군침 흘리는 이웃 아저씨들
아버지는 혀를 끌끌 차며
텃밭 유자나무 아래 묻었다

늦가을 가지가 휘어지도록
강아지 머리만큼 한 열매들
오동포동 노란 얼굴 내밀었다

계절도 치매

꽃필 때 눈 내리고
열매 맺힐 때 우박 쏟아지고

서울은 미세먼지에 갇힌 채
한강마저 우울증에 걸렸어도
공범들의 쉼 없는 카퍼레이드

바람도 길을 잃고 우왕좌왕
영마루에 뒤엉킨 먹구름
비가 될지 눈이 될지 갈팡질팡

단풍철, 벚꽃 벙글고 만발한 장미꽃
요즘은 계절도 치매를 앓는다

우리는

꽁꽁 얼어붙은 추위를
촛불로 녹이고 녹여
드디어 따스한 봄날입니다

뿌리는 멈추지 않고 물을 긷고
앙상한 나뭇가지는
햇발 마중하는 연두 눈빛

맹추위를 견디어 낸 만큼
소담스러운 꽃 피워
주렁주렁 열매를 맺을 것입니다

오천만이 일구는 이 나라
발톱 감추고 노리는 금수의 눈빛
우리는 다 같이 지켜야 합니다

2부

이름값

진한 눈물 한 톨 한 톨

너는 폴란드 비엘리치카 토굴에서
수만 년 잠들었거나
터키 투즈호숫가에 드러누웠거나
올봄 신안 앞바다에서 건져 올렸거나
모두 거칠고 짭짤해도 반짝인다

언제나 숨 가쁜 파랑을 업었던 너
온몸 부딪쳐 일그러진 상처투성이로
해와 달 끌어안고 갈증을 견디며 흘린
그 진한 눈물과 땀방울이
한 톨 한 톨 하얗게 일어섰다

제 몸 녹여 이로움만 주는 그 알갱이
부질없는 객기에는 한 움큼씩 쐐길 박아
성깔을 곰삭히고, 밍밍한 것은 짭조름하게
한겨울 빙판길까지 척척 해결하는
너의 이름, 경전에도 새겨있다

죽순

새로 낸 시집 한 권
고향 마을 아제께 부쳐드렸다
며칠 후 택배로 온 죽순 한 상자
갖은 양념에 달달 볶아 들깨가루 한 숟갈
아삭아삭 구수하게 퍼지는 고향의 맛
불현듯 겹쳐지는 아버님 얼굴
'죽순나물 먹으면 삶의 마디마디 풀리지 않는다'고
어쩌다 부러진 죽순마저 버리시던 그 모습!

햇발 짧은 겨울날 멍석 깐 마당 한켠
화롯불에 곱은 손 달래가며 종일토록
바구니 엮을 속대와 겉대 쪼개고 다듬느라
손가락마다 덕지덕지 반창고 골무
밤 깊도록 등잔불 아래 신들린 아버지의 손
아침이면 툇마루에 차곡차곡 대바구니 쌓이고
그 속에서 팔 남매가 자랐다

이제, 그 대바구니는 점점 밀려나고
칼륨이 양파의 세 배, 바나나 두 배이고
비타민 B, C, E, 단백질, 탄수화물 등등
장대 끝처럼 높아진 죽순의 명성
죽순 맛 그때 알았더라면……

아버님 그 말씀, 이제야 알 것 같다

큰가시고기

아비로 살기 위해 다시 찾아온 경주 대종천
갈대 뿌리 밑에 둥지를 짓고 수초로 위장막을 친다
어미가 몸 풀 때 가시 지느러미 세우고 보초 선 아비
알이 수북한 진자리 정받이 치다꺼리로 밤잠 못 자고
먹이도 없이 꼬박 여드레 밤낮, 새끼들 꼬물꼬물
눈 뜨자, 눈도 못 감고 죽은 아비의 시신으로
떼거지처럼 몰려와 걸귀 들린 듯 파먹는 새끼들

문득 다큐멘터리에 겹쳐지는 아버님 모습
칭찬보다 나무람이 많았던 엄하신 성품
목수 일로 출타하시면 자유로웠던 마음도
저녁 어스름엔 자꾸만 눈길 머무는 사립문 밖
에헴, 아버지의 큰기침에 화들짝 뛰어나가면
무거운 연장 망태에 흠뻑 젖은 무명적삼
물려받은 땅떼기 없이 줄줄이 매달린 팔 남매

그 가난이 당신 때문인 것처럼 늘 투정했던 딸
얼마나 어처구니없는 새끼이었는지……

삼종지도

아버지는
함부로 쳐다볼 수 없는 큰 산

지아비는
감히 오를 수 없는 가시나무

자식은
우주의 꿈이 담긴 보물

옛이야기라 하지만
여전히 따라가는 여인의 길

이름값

콩이 업이라는 희한한 이름(豆業)
그래서 난 콩처럼 살아왔을까

거듭남에 따라 이름값이 달라지는 콩
그늘에서 물만 받아먹고 자란 콩나물로
제 뼈와 살 볶고 갈아, 콩가루나 콩국으로
펄펄 끓어 간수에 엉긴 순두부로
변화를 거듭해도 만족할 수 없어

다시, 푸–욱 삶고 짓찧은 몸
골방에서 쩍쩍 갈라지며 누렇게 뜬 메주
입춘지나 금줄 두른 옹기 항아리
짜디짠 소금물에서 뼛속의 진액이
새까맣게 빠지도록 칩거한 후
내 몸을 다독이는 것은 또 왕소금

이제까지 무던히 참고 견뎌온 삶
양지바른 곳에 그 무게를 내려놓자
드디어 상한가에 오른 나의 이름값

어미

너 낳고 어미 되었고
널 키우며 나도 야물어지고
널 가르치며 함께 배웠지

나는 애초에 뭘 알아서
어미 된 것이 아니라
부딪치며 터득했고
그 고난이 스승이었지

뙤약볕에 물 주고 김매며
마음 판에 새긴 인내
두 주먹 불끈 쥐고 세파에 맞서
불굴의 어미 되었지

때로는 서툴고 때때로 모자라도
너의 부족함 늘 채워주고픈 것은
오로지 어미, 어미기 때문이지

그 여인

개천에 뿌리내려
짠물 단물 들이키며 살았네
사나운 갯바람에 꺾이지 않으려
용쓰며 건너온 푸르른 날들

이 가을 오롯이 꽃피워
갈바람에 춤사위 펼치건만
그 품에 둥지 틀었던 철새들
제 길 찾아 떠나고

검붉은 노을에 고단함을 누이니
잦은 바람에도 삭신은 서걱서걱
피리 소리 처량한 들숨 날숨

밤새도록 산발한 채 뒤척거렸어도
금빛 물결 찰랑대는 아침
초연히(超然) 일어서는 갈꽃 그 여인

엄마 욕심

고3 아들이 받아 온 1학기 성적표
엄마: 왜 매번 등수가 제자리걸음이냐?

아들: 저는 그 자리 지키기도 너무 힘들어요
(제 방문을 꽝 닫는데 아뿔싸!)

남편: 일류대학 욕심부리다 한강대 풍덩과
보내는 부모들 못 봤나?

다음 날 아침 까칠하고 휑한 아들 얼굴
엄마: (안쓰러운 표정으로) 아들!
누워 있는 말에 채찍 한 대는 겨우 일어나지만
달리는 말에 채찍 한 대는
더 멀리 뛸 수 있다는 생각에 그만……

아들: (굳었던 얼굴 풀리며) 엄마 죄송해요
그 후 엄마는 욕심의 채찍을 과감히 내려놨다

짝 잃은 백로

호수에 한가한 원앙새 부부
자맥질하는 물오리 가족들
거기 한 마리 백로

호수에 황금 이부자리 깔리면
휘청거리며 숲속 집으로
혼자 돌아가는 백로

고개를 쑤–욱 빼고
한참 사방을 두리번거리다가
날개 죽지에 가만히 얼굴 묻는다

밤이면 더 옥죄이는 로올병*
어둠 속 뒤척이며
홀로 흘렸을 눈물, 그 눈물!

* 로올병: 고독으로 나는 병

족쇄보다 무거운 멍에

아배의 가난은 소녀의 족쇄
어매는 열흘, 보름 넘기는 행상 길
끈 떨어진 책가방 눈물짓던 열네 살
물 긷고 밥 짓고 청소빨래 땔감까지

야학의 사제 인연은 하얀 면사포
족쇄보다 무거운 멍에인 것을
책가방 셋이 무거워질 때 알았지
부모님 곳간을 의지한 한량님
사업(事業)이 사업(死業)으로 끝나자
붉은 명정(銘旌) 덮인 주(酒)님의 씨름판

험산 골짜기나 길 잃은 사막에서도
이정표로 서 있는 세 자녀
뜨락에 매화 피자 툇마루에 볕이 들고
오십 고개 넘어서야 끈 이은 책가방
상아탑 돌아온 그 소녀
족쇄, 멍에 훌훌 벗었네

등불은 별이 되어

당신은 우리 집 등불
어느 날 갑자기 떠나고
나는 길을 잃었습니다

어스름 저녁
우두커니 바라본 하늘
빛나는 별 하나 손짓합니다

이른 새벽길 바래다주고
늦은 귀갓길 마중하는
유난히도 밝은 별입니다

마음 다잡지 못해 공원을 서성이다
이슬 맺힌 두 눈으로 쳐다보면
그 눈망울도 그렁그렁 합니다

먼 먼 하늘 끝자락
언제나 지켜주는 그대 있어
나도 아이들의 등불로 살아갑니다

연시

푸른 젖꼭지 암팡지게 물고
여름 강 건너온
시고 떫은 삶도

이 가을볕엔 그만
녹녹하게 풀리고 말아
홍조 띤 말간 얼굴

사랑의 입맞춤에
달보드레한 살집
송두리째 바치는 저 여인

늦깎이 진달래

겨우내 눈덩이에 짓눌린 음지
뼛속까지 스미는 눈물 삼키며
오월에야 꽃피운 진달래
시기는 놓쳤어도 너는 참꽃

핏발선 꽃망울 터지던 날
양지에 선 동무들 녹색 깃발 흔들며
저만치 앞서가도 언 땅 딛고
용쓰며 피워내는 분홍 꽃 송어리

농촌의 딸부잣집 계집아이
이리 치우치고 저리 밀려
늦깎이로 입문한 시(詩)의 길
좁은 지경 부족한 자양분도 스스로 찾아

계절 잊은 채 밤낮으로 짓고
부수며 또 짓는 한 구절 한 행
언젠가는 꼭 피우리라 참꽃처럼

주름 마스크

세월이 선물한 물결무늬 마스크
황갈색 바탕에 검은 깨소금, 그늘진 세모 눈
삶의 바다 드나든 미세기* 흔적 섬세하다

가끔 허무를 메우겠다는 친구는
자화상을 여기저기 새롭게도 하지만
나는 그저 시간이 주는 대로 받으니
세로줄 무늬에 검버섯까지 덤이 후하다

401 접착제처럼 찰싹 붙어서 벗어버릴 수도 없고
칙칙함을 조금이라도 감춰보려고
요것 저것 찍어 발라 도닥여서 바깥나들이
여름날의 귀갓길은 영락없는 어릿광대다

가는 계절은 어찌할 수 없어도
매무새는 단아하게
날마다 분홍 하트와 미소 브로치로

* 미세기: 밀물과 썰물을 통틀어 이르는 말

달맞이꽃

갑자기 사라진 달거리
온몸이 발끈하여 홍당무 얼굴

불면의 밤
달맞이꽃의 감마리놀레산
가만가만 혈을 타고 스며드니
메마른 궁 평심을 찾았다

칠팔월 밤새도록 노란 꽃잎 열어
세포마다 채우는 달의 음기
초로의 여인 치마폭에 와르르
에스트로겐 왈츠가 흥겹다

선인장꽃

모래바람 휘몰아치는

사막에 곧추서서

온몸에 침을 꽂고

갈증으로 터지는

붉은 꽃송이들

바람아 보이는가!

저 뜨거운 열정이

자수

화조도 산수화
자수 병풍 여덟 폭

고운 실 한땀 한땀
섬세하고 화려하다

사람 사람들
연발하는 감탄사

친구야, 혹여 자수
뒷면을 살펴보았는가?

매미 소리

한여름 예서 제서
노래연습 바쁜 매미들

입추 지나선 쉰 목소리
얼 든 레코드판 소리다

말복 지나 득음한 목청
밤낮없이 합창으로

처서 지나자 온몸으로
흐느끼는 장송곡 소리

3부

어째야 쓰까이

불 동냥

신주처럼 모신
화로의 불씨가 꺼진 날
꼭두새벽 불 동냥 갔던 열여섯 새댁
할머니의 서러운 시집살이 이야기

삼대에 이르자
불 동냥은 어느 전설 갈피에 묻혔는지
스위치만 누르면
어둠 밝히고 음식 조리 난방까지

아까움도 무서움도 망각한 사이
전신주 스파크가 큰 산을 살라 먹고
켜놓은 채 퇴근한 전기난로는
수십억대 건물을 삼키고
순식간에 목숨까지 앗아가는 세상

할머니 서러운 시집살이
불 동냥 했던 그때처럼
모시고 보살펴야 할 불씨

짝사랑

주머니가 없다
아이의 배냇저고리

자라면서 늘어나고 커지는
아이 주머니 채워주고파
자신의 삶 송두리째 저당 잡히고
반백을 이우고도 여전히 진행형

손주들 재롱까지 합세한 손전화
바탕화면 갤러리도 토깽이들로 도배
짝사랑에 빠진 고슴도치

자식 투정엔 귀 세우고
부모님 걱정은 잔소리로 흘렸지
문득 떠오르는 어머니 얼굴
무심히 지나쳐와 뒤돌아보니

아차, 거기에도 주머니가 없네
어머니 수의

어째야 쓰까이

정신이 들랑날랑 요양원의 구순 노모
가끔 아랫배가 아프다 해도
그냥 정로환, 활명수만 챙겨드렸다는데
생신날 찾아간 자녀들한테 대뜸
"야들아 나 자궁암 걸렸어야 얼릉 병원 가자"

자궁에서 요구르트 병을 꺼낸 의사
"빈 병에 의한 염증으로 생긴 통증입니다"
기막힌 칠순 아들 "어무니요 막내동생 가졌다네요"
"오메 영감도 없는디 먼 일이다냐 남세스럽게
그나저나 낳아분께 가볍고 개운한디
나 배고파서 죽것은께 얼릉 미역국에 밥이나 좀 주라"

구 남매 낳아 기르신 요구르트 빈 병 같은 노모
살망살망 어깨를 주물러드리는 막내아들
"아이고! 울 엄니 어째야 좋을지 모르것네" 한숨인데
"워매 씨언헌거 이따 느그 집 갈 때 곳간에서
쌀 한 가마니 싣고 가거라 이–잉" 얼척 없는 말씀

빈집 1
–고향 집

'새 주인을 찾습니다'
구순 노모 떠나신 뒤 덩그러니 남은 집

뒤란의 푸른 왕대밭은 꽃이 피어 노랗고
낡은 잇몸처럼 벌어지고 이엉마저 벗어진 토담
바람맞은 사립문짝은 아예 누워버렸습니다

햇살이 잠시 머물다간 툇마루엔 먼지 몇 됫박
삐걱대는 부엌문 너머 온기 잃은 아궁이 둘
아홉 가족 따스했던 부뚜막은 서생원 놀이터입니다

농기구 널브러진 헛간은 거미들의 다세대단지
한여름 잡풀만 무성하던 텃밭에는
마늘 몇 이랑만 초병인 양 파랗게 서 있습니다

마당 가 허리 굽은 감나무는 홍등 내걸고
이제나 오실까 저제나 오시려나 주인을 기다립니다

빈집 2

–몸

한때는 우리 부부 알뜰살뜰 돌보았지
아들딸 셋 출산한 아담했던 집

한동안 비워 둔 채 챙기지 못해
망초 뿌리 자리 잡고 주인행세
빈터라도 지키려면 자르고 파내라네

병원 오가며 겨우 건진 빈터
대장은 내시경 할 때마다
제집인 양 들어앉아 힘들게 하고

아기가 꿀컥꿀컥 마시던 젖샘도
쭈글쭈글 메말라 썰렁한 빈집
난데없이 차지하는 낯선 물혹들

비워 두면 속절없이 허물어지는 건
몸이나 집이나 매한가지

빈집 3
–마음

나이 들면 비우라고들 하지만
가만히 있어도 깜박깜박
기억조차 저절로 비워져 간다

일가 이룬 자녀, 손주들은 중고생
따스한 마음 나눌 곳 찾아
자원한 유치원의 이야기 할머니

날마다 새롭게 풀어놓아야
초롱초롱 빛나는 눈빛
옹기종기 모여 앉는 꼬마 친구들

녹슨 기억 주머니에 막무가내로
구시렁구시렁 밀어 넣노라면
빈집 가득 퍼지는 옛날이야기

어머님의 아리랑

묵정밭 일구시던
호밋자루에서

온몸 얽어맨
베틀 위에서

가물거리는 호롱불 밑
물레 돌리며

한숨 대신 흥얼대던
어머님의 노래

세 들인 적 읎는디

구순의 영감 병 구환 하는 팔순 넘은 울 언니
너무 조용하다 못해 고요한 시골집의 저녁
안방 중천장이 찌익 찍 시끌벅적 떠들썩하다

나는 "세 들인 적도 읎는디 즈그들 멋대로 들어와서
저리 떠들고 사는디도 당최 우짤 방도가 읍서야"
술술 시 한 편 쓰시는 울 언니

"나이 들고 빙들면 싸게 죽어야 허는디 저승사자는 뭣헌가 몰러
웬수 같은 저 영감탱이는 젖 묵던 심까지 써서 채워준 기저귀를
홀라당 빼불고 엄동설한에 이불빨래 허다가 나가 먼저 죽겄다
요양병원 이약만 허면 눈을 부라림시롱 암 것도 안 묵어 불고
워따 참말로 큰아 말도 소용읍고, 속 터져 환장해 불 것 당께"
숨도 안 쉬고 구시렁구시렁 읊어대시는데

그래도 만만한 저것들한테라도 "야들아 엥간이 떠들어라
잠 좀 자자 이-잉" 허고 큰소리 한번 질러불고 나면
종일 부글거리던 속이 뻥 뚫린 당께야

어머니의 바느질

문풍지 시리게 우는 겨울밤
호롱불 밝히고 밤 깊도록
남루를 누덕누덕 깁던 어머니

허름하고 구멍 난 곳
다듬고 덧대어 한 땀 한 땀
바늘귀만 지나가면 단정한 매무새

열 식구 아픔 어루만지며
상처를 꿰매던 흥그리 타령
홰치는 닭 울음에 멈추었다

옷, 양말 멀쩡해도 버리는 세상
구멍 나고 찢어진 가슴
그 누가 깁고 꿰맬거나
등잔불과 함께 떠나버린
어머니

동지 죽

동짓날

예전 어매보다 더 늙은 할매

팥죽 그릇 앞에 놓고 훌쩍훌쩍

손 모아 알알이 빌고 빈

비손 알

뜨거운 정성으로 붉은 옷 덧입히고

터줏대감 성주님 조왕님께 허리 굽혀

우리 집 자자손손 보호하사

동서남북 집 안팎 잡신 쫓던 어머님 생각

홀어머니 명절

갯마을의 홀어머니
굽은 허리 종종걸음으로 헤집는 갯벌
밀물 들기 전이 가장 분주하다

멀리 사는 아들, 딸, 손주들
시끌벅적 몰려드는 명절날은
그득한 만조의 시간이다

훌쩍 자란 손자들
어루만지며 등 다독일 때
주름진 구릿빛 얼굴 보름달보다 환하다

시간이 두 시간씩 포개져 갔는지
음식 꾸러미 올망졸망 수선스러운 아침
썰물처럼 나간 자리 허허로운 갯벌이다

머물다간 흔적 지우며 쏴—아 쏴—아
휑한 자리 채울 것처럼 밀려오는 밀물
옹골찬 자손 모습들 자꾸만 어른거린다

토담집 울 엄니
–성묘

후미진 산굽이 돌고 또 돌아 산마을
풍장으로 쌓인 백골 무더기를 봅니다

죄명도 없이 뭍으로 끌려와 달보드레한 살점 모두
빼앗기고 하얗게 바스러지고 있는 석화껍질입니다

선산의 오름길 다홍 진분홍 흐드러진 철쭉꽃사태
쉰아홉 울 엄니 못다 한 열정이 곱게 물들었습니다

창문 하나 없는 토담집 용마루엔 산발한 삐비꽃*
지금은 다 삭아져 저 석화 껍질처럼……

설운 목울대로 자꾸만 솟구치는 뻐꾸기 소리
빗물 어린 눈가 희뜩이는 엄니의 미영* 치맛자락

산자락 칭칭 휘감은 안개에 싸여
땅과 하늘이 하나인 듯 출렁입니다

* 삐비꽃: 띠 풀 속대에서 올라오는 솜털 같은 꽃, 전라도 방언
* 미영: 무명의 전라도 방언

할머니와 씀바귀

대로변 화단, 양귀비 팬지꽃 비집고
작은 꽃송이 조랑조랑 꽃피운 씀바귀
작목반 피해 용케도 꽃피웠구나!
아무도 눈길 주지 않는 씀바귀 꽃
혀를 끌끌 차며 자꾸만 쓰다듬는 할머니

재래시장의 양품점과 이불가게 모퉁이
종일 웅크린 생선 함지박, 어둠이 내리고
정부미 두어 됫박에 연탄 두 장이 담기는데
가끔, 솔개 병아리 채가듯 하는 노점 단속반
그런 날은 아홉 식구 끼니는 30원짜리 국수 한 타래

별빛이 드나들던 변두리 판잣집
올망졸망 노란 꽃 피는 칠 남매 둥지
할머니는 황사 바람 휘감는 노점에서
쓰디쓴 목 울음 삼키던 노란 씀바귀꽃이었다

지독한 허기

초로에 밥이 없어
가끔 허기로 지칠 때

아지랑이처럼 아롱거리는 유년
응석 투정 배고픔까지 채워주던
엄마는 늘 나의 따순 밥

서로의 밥으로 살자
약속한 친구는 어느 날
갑자기 사라지고

어디에서도 찾을 수 없는 밥
종종 시달리는 지독한 허기
그 무엇으로 채워야 할까!

한옥 추녀

서까래 받들어
하늘 우러르는 한옥 추녀
골골이 이끼 앉은 기왓장에
얼비치는 어머니

장죽 소리 다듬이 소리
멎은 지 오래이어도
앞뜰에 매화꽃 분분하고
푸른 바람 출렁거리는 뒤란의 대숲

아버지 조부모님 하늘처럼 받들어
칠팔 남매 자녀들 우러르다
골 지고 검버섯 돋은 어머니 얼굴

한옥 추녀는 삼백 년 지나도록
여전히 고고한데
어머니 기척은 찾을 수 없어라

탱자나무

누구도
함부로 할 수 없다

가시 돋친 팔다리
옹이 박힌 몸뚱어리

주렁주렁 매달린 자식들
여름 내내 탱글탱글 길러서

가을날 황금빛 비단옷 입혀
시집장가 보내니 깡마른 몸뚱이

한겨울, 울바자로 선 바람막이
고향 집 울 엄니다

함 들어온 날

함 사세요
골목길부터 떠들썩한 함진아비

가마솥에 떡시루
찹쌀가루 켜켜이 붉은 팥고물
모락모락 올리는 뜨거운 정성

팥떡 시루 위 올려진 청홍보자기
찰떡궁합으로 백년해로하기를
뜨거움이 식더라도 금슬은 한 덩어리
촛불 켜고 비손하던 친정어머니

함 사세요, 점점 멀어져가는 소리
오래지 않아 영영 사라질 것 같다

눈 내리는 날이면

눈 내리는 날이면
나는 발가벗은 설해목이다

그날, 서울거리에 질펀하게 드러누워
119의 발목을 붙잡고 실랑이한 너
응급실 문전에서 곧바로 간 영안실

너의 심술은 좀체 멈출 줄 모르고
장지의 포클레인이 괴성 지르며 토혈할 때
순간, 하얀 시트를 검붉게 적시던 모습
눈앞에 어른거려 나는 사시나무였다

오늘도 세상의 추하고 모난 것들
하얀 솜처럼 포근히 감싸 덮는 듯하지만
흰 고깔로 휘몰아치는 진회색 장삼 자락
밤 깊도록 숨통을 짓누르는 너의 이중성

눈 내리는 날이면
나는 잠들지 못한 설해목이다

4부

물의 설법

강물 같은 삶

흘러가는 강물은 뒤돌아갈 수 없어

폭우에 나뒹굴어 머리를 산발한 채
생살 뜯기며 떠밀리듯 곤두박질
한겨울, 얼음장 이우고 흐느낀다

해와 달 금실 은실 수놓은 이부자리
서로 부둥켜안고 속살거리다가도
느닷없이 들이닥친 폐수도 자정(自淨)한다

여울목 휘돌아 다다른 바다
짠물과 뒤엉켜 엎어지고 깨어져도
껴안고 출렁출렁 파도를 탄다

우리네도 강물 같은 삶인 것을……

바다와 섬

바다는 날마다 섬을 길들이고 있다

어제는 무엇을 잘못했는지 궁둥짝을 철썩철썩
오늘은 무엇을 잘했는지 치마폭에 청보석을 듬뿍

바다는 수시로 성난 사자처럼 갈기를 세우고
포효하며 뒤집을 듯 난동을 부리지만

섬은 물새에게 둥지와 쉼터를 허락하고
자연의 순리 따라 자신을 추스리며 살아간다

살 에이는 해풍에 핏덩이를 토하는 동백나무
태풍 해일에 몸살을 앓는 배롱나무

자신의 업보인 양 묵묵히 품는 섬
오늘도 들이치는 산더미 파랑을 마주한다

물의 설법

백담계곡 돌들은
가부좌한 수도승

졸졸 좔좔 독경 소리
돌멩이도 돌 돌 돌돌
깜박 졸았다 하면
죽비처럼 내리치는 폭포수

우직하고 모난 돌멩이도
물의 설법에 해탈하여
둥글 동글 돌부처 되고

참선 마친 수행자 둔덕 이룬 골짜기
무수한 소원 탑으로 솟아올라
백담사 오백 나한상 방불하다

뎅–뎅–
골짜기 가득 울리고
휘돌아 나가는 범종 소리

희한한 일

토닥토닥 노릇노릇
부엌 가득 고소한 냄새
불현듯 떠오르는 시댁 참깨밭

재 너머 사래 긴 밭은
뿌린 참깨보다 지심이 더 많아
땡볕에 쪼그린 채 호미 끝과 사투
초벌 김매기는 고난도의 노동이었다

장마나 가뭄에도 까다로운 작물
참깨 한 되가 쌀 한 말 값이니
밭 많은 시댁은 많이 심을 수밖에
추수도 낱낱이 베고 묶어 양지에 세워
볕 좋은 날 털어야 하니 고역(苦役)이다

화인처럼 새겨진 시집살이 시절
지금, 되돌아갈 수 있다면
돌아가고 싶으니 희한한 일이다

홀로 남아 3

누군가 던진 가시 돋친 말 한마디
피멍이 드는 명치끝, 먹을 만큼
먹은 나이에도 번번이 헝클어지는 마음

어릴 적 동무랑 놀다 넘어지거나
간혹 다투었을 때 후후 불어
빨간약 발라주던 엄마 생각

누군가 내 곁에서 괜찮다고
한마디만 거들어 준다면
차–암 수월할 것 같은데……

삭신까지 쑤시고 저려
자꾸만 뒤척이는 밤
점점 염세(厭世)의 세계로 끌려간다

홀로 남아 4

파스 한 장 붙이기도 쉽질 않아
진통제 한 알 목울대로 넘기고
가만가만 모로 누워 익어갑니다

가족들과 살면서 힘들고 귀찮다고
혼자 살아 편하고 좋겠다는 그 말
제 자랑이고 날 비웃는 것만 같습니다

티브이 속에서만 시끌벅적한 사람들
말 한마디 물 한 모금도 주고받을 수
없는 가정(假定) 속 가정(家庭)입니다

한 발짝도 벗어날 수 없는
묘한 굴레 속에서
오직 기도하며 살아갑니다

자동충전기

여름날은 마냥 푸르렀던
우리 집 텃밭

오곡이 영글어가는 초가을
갑자기 몰아친 천둥 번개
한순간에 무너져 버린 기둥

대들보를 짊어지고
사막을 걷고 바위산 넘으며
파김치처럼 축 처져
어스름 저녁 둥지를 찾아 들면

엄마~ 반기는 해맑은 얼굴들
삶의 에너지 자동충전기

오월의 손님

해마다 오월이 오면
아들 며느리 딸 사위
손주들 모두 다 둘러앉아
호호 하하 즐거운 날

그 무엇으로도 채울 수 없는
마음 한켠 빈자리
쉰아홉 울 엄니, 쉰여섯 아이 아빠

홀로 걸었던 가시덤불 길
찢기고 부르텄던 발도
이제는 굳은살로 무뎌졌는데
아직도 스멀스멀 도지는 열병

복사꽃 사랑

연분홍 미소에 분분한 벌 나비
그 사랑 열흘도 못가
뿔뿔이 흩어졌어도 어느새
연두 젖줄 암팡지게 문 솜털보송이

살뜰히 감싸 안는 진초록 치마폭
물 긷고 햇살 모아
사랑으로 키우는 푸른 열매
점점 둥글둥글 포동포동 커가네

사랑 1
—늪

한 번 빠졌다 하면
여간해선 못 벗어나지

버둥거릴수록
점점 더 빠져들지

사랑 2
–불나비

많고 많은
꽃들 두고

하필이면

불꽃을 찾아
한목숨 사르느냐!

사랑 3
–호수

돌멩이 던지지 마라

요동치는 파문

몇 날을 뒤척인다

사랑 4
–매미

칠 년 기다려
단장한 날개옷

한여름 초록 무대

벼리고 다듬은 목청
절절한 세레나데

초순에서 그믐까지

초사흘 달은
늘 간절한 성도의 눈빛
개밥바라기별 좇아 달음박질한다

열닷새 밝은 달은
충만한 성부의 사랑
밤새도록 홀로 어둠을 밀어낸다

스무이레 달은
모두에게 베푸는 성자의 눈빛
샛별 손잡고 아침 마중 간다

밥통이 뿔났다

내 안에 있으니
맘대로 해도 되는 줄 알았다

가끔 고프다는 신호를 보내도
이 핑계 저 핑계 게으름 피우다
아무 때나 눈과 후각이 끄는 대로
포만감에 젖도록, 너의 허락도 없이……

한동안 묵묵해서
무탈한 줄만 알았던 너
내시경을 비추니 아뿔싸!

조직을 떼어내며
결과를 기다리라는 의사의 말씀

돌쇠의 해법

무슨 일인지 골이 잔뜩 난 돌쇠댁
식은 밥 찬물에 말아 앵돌아진 밥알 같다

어쩔 수 없이 노모의 점심상을 차린 돌쇠
어무니요, 날씨도 무덥고 반찬도 그렇고
그냥 냉수에 찬밥 말았구만요
찬은 실헌 풋고추에 된장이면 닥상이제

등 돌리고 누운 마누라
허리춤을 풀며 구시렁거리는 돌쇠
엄니가 물에 말은 찬밥에는
실헌 고추가 닥상*이라고 했은께

* 닥상: '딱 들어맞음'의 전라도 방언

오욕(五慾)

나도 모르게
금지선을 넘는 너

뒷덜미를 잡아
종종 무릎을 꿇리건만

어느결에 틈을 비집고
또 기승을 부리는 너

오늘도 이를 악물고
너의 목을 누른다

소망 머리방

마음이 어수선한 날은
머릿속이나 머리칼도
닮아 헝클어진 수세미 같다

낙엽이 뒹구는 거리
모자 눌러쓰고 마냥 걷다가
눈에 들어온 '소망 머리방'

쳐지고 갈라진 끝은 싹둑
삐치고 부석거린 머릿결
영양젤 듬뿍 먹여 살린 웨이브

한사코 목덜미로 파고드는
너절한 편린들 훌훌 털어버리고
산뜻하게 소망을 이고 집으로 왔다

국화차

싸락눈 내리는 날
창가에 홀로 앉아

찻잔에 띄운
소국 몇 송이

따스한 물기 머금고
살포시 깨어나서

빈자리 감도는
그윽한 향기

합죽선

대오리 담금질로 녹녹해져 뱃살 붙이면
홍매화 흐드러진 사십 폭 주름치마
변죽의 구름무늬는
화인으로 새겼더라

선추를 찰랑대는 음기의 여인이여
사랑가, 육자배기 허리를 휘돌 때
추임새 장단 소리엔 공작새 꼬리로다

팔덕선 지녔기에 예제서 사랑둥이
그대 손 붙잡는 이
사랑채 어른뿐이랴
남사당 어름사니도
허릿매 잡고 허공 제비

한여름 살랑거리는
그대의 치맛자락 무더위 밀어내고
화조도 만발하니
나른한 이내 심신에 선풍 이는구나

5부

지구 따라 돌다

백두산에서

유월 하순에 오르는 백두산
아직, 눈덩이 짊어졌어도
활짝 연 가슴에는 아기자기 꽃 피었다

짙은 안개 드리운 계단 성큼성큼 오르자
천지보다 먼저 마중하는 두 경계비*
밧줄로 가로막은 금지선 건너
병풍처럼 천지를 두른 백두봉우리
바라본 두 눈엔 눈물이 그렁그렁
우리 땅 우리 길 두고
중국 땅 밟고서 찾아온 백두산

장군봉 바람이 한걸음에 내달아와
젖은 땀 씻어주며 일러주는 말
'어마니요 이제 머지 않았심더 통일은'
아무렴, 우리 모두 어서 빨리
한라산 백록담 오가듯 하기를……

* 두 경계비: 조선, 중국

독도

오월의 바다에 뱃고동 울리자
남스란치마자락 찰랑거리며
괭이갈매기 앞세워 마중하는 독도

허리를 적시는 파랑에도
늠름하고 의연한 자세로
춘하추동 동해를 지키는 작은 섬

옷섶에 둥지 튼
바다제비, 슴새, 갈매기들
목청 돋워 우짖는 평화로운 섬

모시모시(もしもし) 망발로 떼쓰는
도야지족아, 열도의 부글거림에도
하늘 무서운 줄 아직도 모르는가?

백령도 가마우지

백령도에 둥지 튼 가마우지
고향은 바다 건너 장산곶
시간이 흐를수록 가빠지는 그리움
같은 하늘 날마다 날고 날 건만
보고픈 얼굴은 만날 수 없습니다

어제는 알 수 없는 포탄 소리에
안절부절 맨발로 서성였는데
두무진에 갈기 세운 수사자 떼
오늘도 하얗게 으르렁거립니다

밥벌이조차 나설 수 없어
날갯죽지에 얼굴을 묻고
바위틈에 웅크린 채
또 하루가 저물어갑니다

데스밸리
–죽음의 계곡

카투초 꽃이 샛노란 사막
언제나 물이 그리워
바람도 물결무늬만 그리는 데스밸리
사막을 둘러친 구릉 골골 흙빛은
황갈색 바탕에 파랑 노랑 분홍 보라 등
겹겹이 색동으로 아티스트 팔레트 같다

바람의 언덕 오르니
말 엉덩이 박차며 채찍 휘둘러 죽음의 계곡 넘던
서부의 개척자 말발굽 소리 들리는 듯
해발 마이너스 팔십오 미터에 펼쳐진
새하얀 소금강은 이억 년 전 바다

허공으로 솟구치는 거대한 회오리 폭풍
거기, 날개 퍼덕이며 우짖는 까마귀 가족
서걱대는 소금 쌓인 도랑에 뿌리내린 골풀
쏘–옥 내미는 푸른 잎사귀
나는 무릎을 꿇지 않을 수 없다

이구아수폭포

도란도란 흐르는 이구아수
꿈엔들 생각했으랴
턱밑 "악마의 목구멍"을

곤두박질친 찰나
소용돌이 치는 천둥 소리
길 잃고 거품 토하는데

어느새 쌍무지개를 두르는 폭포
와— 아 낙하하는 백조의 거대한 무리
지구촌 사람들 황홀경에 취했는데

저것 봐, 아무 일도 없었다는 듯
재잘재잘 라플라타강 따라
대서양으로 떠나는 이구아수를!

남태평양에서

—페루

페루의 갈라파코스 파라까스
검푸른 보석이 반짝이는 남태평양

모래섬에 새겨진 나스까의 촛대문양
유람선 관객들 탄성에 들썩이는 뱃전

짙푸른 바다에서 춤추는 돌고래
좌우로 아치형 돌문이 세워진 무인도

섬 갯바위에 일광욕 즐기는 물개 가족들
벼랑 끝에 줄지어 선 무수한 바닷새

섬 맴도는 모터보트 폭포처럼 물살 내뿜고
무단침입자 무리는 제 목청껏 환호성

물개 가족 허둥지둥 바다로 뛰어들고
물새는 우짖으며 날개를 퍼덕인다

몬주익에 오르니

바르셀로나 몬주익 언덕 위
돌판에 우리의 태극기를 새기고
바윗돌을 박차고 달리는 대한의 선수
동판에 선명하게 찍힌 두 발자국

일천 구백구십이 년 그날
골인 지점 몇 미터 앞 일본을 제치고
목에 금메달을 걸었던 대한의 아들

햇살 부신 메인스타디움에 들어서자
눈앞에 하늘 높이 태극기가 펄럭이고
애국가 반주에 지구촌의 우렁찬 박수
현시처럼 선연히 그려져 눈시울 적신다

이국땅 수천만 리 고단하던 여행길
순간, 열기구를 타듯 둥둥
가우디의 까사밀라로 향하는 발걸음

함정 아닌 함정의 도시
–라스베이거스

브라이스, 자이언, 그랜드캐니언 보려고
종일 달려 밤이 되어도 끝나지 않는 사막길
묵어가라 손짓하는 황홀한 야경의 도시

에펠탑, 피라미드, 곤돌라, 등등 치장하고
요란한 목소리 현란한 눈빛으로 유혹하는 기기들
슬슬 야릇한 미소 흘리며 마주 앉은 사람들
서로에게 빨대를 꽂고 야금야금 주고받다가
어느 순간 왕창, 점점 헤어나지 못하고
밤새도록 젖 먹던 힘까지 다 쏟아도 빈 털털이

희뿌연 아침 아편 중독자 같은 모습
수족 같은 애마를 끌고 경매장으로
지폐뭉치 거며 쥐자 귀신에 홀린 듯
다시 허겁지겁 달려가는 걸귀 모양새
사막에 웅크린 함정 아닌 함정의 도시

소녀와 물개

고약한 냄새, 샌디에이고 라호야 해변*
검은 머리 소녀가 발을 동동 구르고 있다

금방 새끼를 출산한 어미 물개
탯줄을 자르고 낑낑거리며 바다로 간다

마미는 파란 눈 금빛 머리
딸애는 검은 머리 까만 눈동자

자라나면서 들었던 슬픈 동화 같은
저 태평양 건너 할머니 나라 이야기

길러주신 마미의 사랑은 넘쳐도
마음 한켠 언제나 똬리 튼 물음표

소녀는 울며 Don't go. Come back 외쳐보지만
뒤도 돌아보지 않고 바다로 가는 어미 물개

* 라호야 해변: 물개의 서식지

그랜드캐니언

경비행기가 콘도르처럼 날았다

곡선으로 펼쳐진 선사시대 황무지
눈비에 스러지고 바람에 갈라져
시나브로 바스러지는 검붉은 땅
칼날 같은 벼랑에 뿌리내린 나무
내림굿 마당 작두 타는 무녀다

초록빛의 강줄기가 아나콘다처럼
협곡 사이로 꿈틀꿈틀 굽이치고
인디언마저 사라져버린 광야
창창한 바람의 성대는 늙을 줄 모르고
사월 중순에도 잔설이 희끗희끗

마른 망초 사이를 헤집는 사슴 몇 마리
기기묘묘한 신의 거대한 작품에 취해
한 점의 점으로 갇힌 나는
아! 오호 입을 다물어지지 못한다

레드우드 수목원에서

유황이 부글거리는 늪을 에워싸고
하늘을 찌를 듯 빽빽한 장신들
뭉클뭉클 전달하는 삶의 메시지

흔들리는 지반에 뿌리를 묻고
수시로 허물을 벗는 붉은 나무
천둥 번개 비바람에 쓰러진 몸뚱어리
마디마디에서 새순이 돋고 뿌리내려
줄지어 아름드리로 커가는 희한한 나무
고사리가 풀 아닌 나무로 숲을 이루는 곳

때때로 나의 부족함보다
환경을 탓했던 내 어리석음
쾅 쾅 대못을 박는 소리
귓전에 메아리치는 레드우드 수목원*

* 레드우드 수목원: 뉴질랜드 로토루아에 있는 수목원

낯선 꽃 루핀스

네덜란드에서 시집온 새아씨
밤마다 베갯머리 적시는 그리움
모국의 꽃씨 한 줌 울 밑에 뿌렸다

보랏빛으로 멍울진 그리움
송이송이 꽃으로 피어나
향수를 달래주는 루핀스꽃

새댁의 자손 늘어나듯
점점 퍼져가는 루핀스 꽃송이
쓸쓸한 테카포 호숫가에서도
살포시 감싸주는 엄마 내음

뉴질랜드의 정원, 길섶, 들판
어디서나 하양 분홍 보라로 피어
고국의 향기를 풀어내는 루핀스꽃

가을 나들이
–남이섬

가을이 곱게 물드는 강가
물소리 새소리 한가로운 아담한 섬

소원을 이룬다는 초원의 종소리
소풍객들 줄지어 온종일 댕댕……
가족은 협궤열차 연인은 커플 자전거

샛길에 곱게 드리운 붉은 옷자락
은행잎은 노랑나비처럼 나풀나풀
소풍 나온 아이들 까르르 까르르

옹기종기 모여든 돌멩이들
거칠고 모난 상처 헹궈주는
찰랑찰랑 맑은 물소리

마음 끈 풀린 소풍 날
그림자 길어지며 발걸음 재촉한다

세미원에서

친구 함께 소풍한 양수리 세미원
백련지 가로지른 좁다란 징검다리
건너는 사람들에게 무언의 가르침
양보와 배려

도랑가 꽃창포 향수(鄕愁) 일깨우고
빨랫돌로 닦은 세심 길에서
바람이 전하는 말
흐르는 물에 세속 때 씻어버리라네

정화수로 기도 올리는 장독분수대
칠십 년 전 헤어진 남북한 형제자매
양수리 저 강물처럼
어서 빨리 만나게 하소서

남한강 북한강이 어우러진 두물머리
햇살에 반짝이는 눈빛들 보소
서로가 얼굴 비비며 얼싸안고
물결 따라 도란도란

섬백리향

–울릉도

울릉도 나리분지의 섬백리향
보랏빛 그 향기
호리병에 담아다 우리 집
화장대 위에 살뜰히 모셨지

어느 날 살펴보니 자취 없이 사라지고
뚜껑만 붙잡은 빈 병만 우두커니
고향이 하 그리워서
훨훨 날아갔는가?

뱃고동 울고 갈매기 나는 울릉도
잠시 머물다 왔어도
눈앞에 삼삼한데 그 고향
넌 오죽이나 가고 싶었으랴!

보령호

아미산 허리에 맑고 푸른 보령호
호반 길 굽이굽이 꽃 터널 몇 십 리
봄바람 살랑거리니
꽃잎이 나비로세

몽롱하게 홀리어 찾아 드는
소풍객들 지상인가, 천상인가
꿈속 헤매는데 귓가에 속살거리는
봄바람 지상천국이라네

몽돌 해안에서

아무렇게나 짓밟혀 차이고 굴러서
모나고 상처투성인 돌덩이들
땅 끝 해안에 다다르자
바다는 거품 물고 달려와
쪽빛 치마폭으로 감싸 안고
철썩철썩 토닥이며 씻긴다

바닷물은 아무리 울퉁불퉁한 돌도
매끈한 곡선으로 다듬어서
보는 이들 누름돌 하나, 수석 둘
아예 뭉텅뭉텅 건축자재로
해안의 몽돌 점점 사라지고 있다

연못의 백련꽃

연못 속에 발 담근 푸른 연잎
새벽이슬 방울방울 수정처럼 받들고
청아한 향기 품고서
살뜰한 고봉밥 보시

한평생 진흙탕에 살지만 고결한 심성
칠팔월 아침 햇살에
연화문 활짝 열어
오롯이 극락정토로 일구는 백련 꽃송이

해지면 닫아거는 열두 겹 연화대문
고봉밥 대접받은 꽃술의 영근 열매
오백 년 묵은 씨앗도
꽃피우는 만다라화

삶을 바라보는 다양한 시각과 시적 표현

-신두업의 시세계

임문혁(시인, 문학평론가)

굳이 서정시에서의 은유와 동일성의 시학을 이끌어 오지 않더라도, 시는 곧 그 사람이다. 시는 아무리 변장하고 모습을 감추고 딴청을 부려도 결국 시인이 살아온 삶의 기록일 수밖에 없다. 그리고 사람들의 삶이란 결국 사람과 사람 사이, 사람과 사물, 사람과 사회 사이의 얽히고설킨 관계의 다름이 아니다.

그런데, 신두업 시인의 시에는 더 특별히 그가 살아온 삶의 기록이 진하게 배어 있고, 그중에서도 가족들의 애틋한 사연이 그의 시를 이끌어가는 중요한 동인이 되고 있다. 그러나 그렇다고 해서 신두업 시인의 시가 개인적인 울타리 안에 갇혀 있기만 한 것은 결코 아니다. 슬픔을 해학적으로 표현하는가 하면, 현 세태에 직면하여서는 알레고리적 수법을 동원하여 풍자하기도 한다.

또 한 멀리 낯선 타국에 가서 견문을 넓히며 자기성찰과 새로운 인식에 이르기도 한다. 사람뿐 아니라 동식물 자연현상에 이르기까지 관심의 영역을 확장 시킨다. 그러니까 이 시집은 시로 쓴 자서전이며, 자기성찰과 자기 확장, 구원으로서의 시 쓰기의 알찬 열매이기도 한 것이다.

그리고 시적 기법으로 볼 때, 신두업 시인의 시는 전통 서정시는 물론, 이야기시의 가능성, 극서정시의 탐구, 해학과 풍자시의 가능성까지 열어두고 있다고 할 수 있다.

신두업 시의 저변에 흐르고 있는 면면한 정신은 '오래 참음'과 '거듭남'이다. 이제 콩이 어떻게 볶이고 갈리고 소금물에 담금질 되면서 어떤 인내와 거듭남으로 시가 되는지, 콩의 역정을 더듬어 따라가 보기로 하자.

1. 콩처럼 거듭나며 변화된 삶

콩이 업이라는 희한한 이름(豆業)
그래서 난 콩처럼 살아왔을까

거듭남에 따라 이름값이 달라지는 콩
그늘에서 물만 받아먹고 자란 콩나물로
제 뼈와 살 볶고 갈아, 콩가루나 콩국으로
펄펄 끓어 간수에 엉긴 순두부로

변화를 거듭해도 만족할 수 없어

다시. 푸-욱 삶고 짓찧은 몸
쩍쩍 갈라지고 누렇게 탈바꿈한 메주
입춘지나 금줄 두른 옹기 항아리
짜디짠 소금물에서 뼛속의 진액이
새까맣게 빠지도록 칩거한 후
내 몸을 다독이는 것은 또 왕소금

이제까지 무던히 참고 견뎌온 삶
양지바른 곳에 그 무게를 내려놓자
드디어 상한가에 오른 나의 이름값

-「이름값」 전문

이 시는 그의 자서전을 압축해놓은 상징적인 작품이라고 할 수 있다. 자기 이름을 소재로 이름값을 매기고 있다.

콩이 업이라는 희한한 이름 때문이었는지 자기는 콩처럼 살아왔다고 그의 생을 요약하고 있다. 콩은 거듭남에 따라 값이 달라진다. 그늘에서 물만 받아먹고 자라면 콩나물이 되고, 뼈와 살이 뜨거운 불에 볶이고 갈리면 콩가루나 콩국이 되고, 펄펄 끓어 간수와 어울리면 순두부가 된다. 푹 삶고 짓찧어서 모양을 만들고 오래 발효시키면 메주가 되고, 옹기 항아리 속 짜디짠 소금물에서 뼛속 진액이 새까맣게 빠지도록 고통을 이겨내고 참고 견디면 진한 간장 된장이 된다. 콩나물 값 다르고, 콩가루나 콩국 값이 다르고, 순두부 값이 다르며, 간장 된장 값이 다른 것이다.

이와 같이 시인은 삶에서 수없이 거듭나고 거듭나며 어려운 고난과 고통을 다 이겨내고 오늘에 이르러 상한가에 올랐다고 고백하고 있다.

자기 이름을 끌어다가 한자의 뜻을 차용하여 생각을 전개 시킨 것이 절묘하다. 콩이 여러 가지로 변화하여 거듭나는 과정을 인간 삶의 변화 발전에 얹어 은유 상징화하여 시작품으로 형상화 시킨 솜씨 또한 뛰어나다.

2. 고향과 어머니

묵정밭 일구시던
호밋자루에서

온몸 얽어맨
베틀 위에서

가물거리는 호롱불 밑
물레 돌리며

한숨 대신 흥얼대던

어머님의 노래

-「어머님의 아리랑」 전문

문풍지 시리게 우는 겨울밤
호롱불 밝히고 밤 깊도록
남루를 누덕누덕 깁던 어머니

허름하고 구멍 난 곳
다듬고 덧대어 한 땀 한 땀
바늘귀만 지나가면 단정한 매무새

열 식구 아픔 어루만지며
상처를 꿰매던 흥그리 타령
홰치는 닭울음에 멈추었다

옷, 양말 멀쩡해도 버리는 세상
구멍 나고 찢어진 가슴
그 누가 깁고 꿰맬거나
등잔불과 함께 떠나버린
어머니
-「어머니의 바느질」 전문

어린 시절 고향에서의 어머니는 낮에는 묵정밭에서 호미로 밭을 일구시고 밤에는 호롱불 밑에서 물레를 돌리고 베를 짜며 한숨 대신 노래를 흥얼대시었다.

문풍지 시리게 우는 겨울밤엔 호롱불을 밝히고 밤 깊도록 남루를 누덕누덕 기웠다. 열 식구 아픔을 어루만지며 상처를 꿰매셨다.

이제 어머니는 등잔불과 함께 떠나시고, 세상은 멀쩡한 양말도 버리는 세상이 되었다. 그 시절 고향의 모습이 눈에 보이듯 선하게 떠오르며, 지금도 달려가면 거기서 김을 매고 바느질하는 어머니를 뵈올 수 있을 것만 같다. 구멍 나고 찢어진 가슴을 누가 깁고 꿰맬지 그 아픔과 허전함이 고스란히 전해진다.

요즈음, 산문시와는 구별되는 짧은 이야기시가 뜨고 있는데, 신두업 시인의 어린 시절 고향 이야기나 어머니 이야기도 다분히 이런 계열의 시에 속한다고 볼 수 있겠다.

3. 풍파 – 등불은 별이 되어

당신은 우리 집 등불
어느 날 갑자기 떠나고
나는 길을 잃었습니다

어스름 저녁
우두커니 바라본 하늘

빛나는 별 하나 손짓합니다

이른 새벽길 바래다주고
늦은 귀갓길 마중하는
유난히도 밝은 별입니다

마음 다잡지 못해 공원을 서성이다
이슬 맺힌 두 눈으로 쳐다보면
그 눈망울도 그렁그렁 합니다

먼 먼 하늘 끝자락
언제나 지켜주는 그대 있어
나도 아이들의 등불로 살아갑니다

-「등불은 별이 되어」 전문

청천벽력 같은 일이 벌어진다. 집의 기둥이 무너진 것이다. 갑자기 남편은 하늘로 떠나고, 시인은 길을 잃어버린다.

이 시는 '당신은 등불, 당신은 별, 나도 아이들의 등불' 이렇게 세 개의 은유로 되어 있다. 당신은 우리 집 등불이었다. 그런데 지금은 하늘로 올라가 별이 되었다. 그 별은 새벽길 바래다주고, 늦은 귀갓길 마중하는 유난히도 밝은 별이었다. 지금 그 별이 나를 향해 손짓하고 있다. 마음을 다잡지 못해 공원을 서성이다 이슬 맺힌 두 눈으로 쳐다보면 그 눈망울도 그렁그렁한 별이다. 그러나 시인은 어린 자식이 있는 어미이기에 그 자식들의 등불이 되어 주어야 한다. 먼먼 하늘 끝자락에서 언제나 지켜주는 그대 있어 시인도 자식들의 등불로 살아갈 수 있다고 말하고 있다.

너 낳고 어미 되었고
널 키우며 나도 야물어지고
널 가르치며 함께 배웠지

나는 애초에 뭘 알아서
어미 된 것이 아니라
부딪치며 터득했고
그 고난이 스승이었지

뙤약볕에 물주고 김매며
마음 판에 새긴 인내
두 주먹 불끈 쥐고 세파에 맞서
불굴의 어미 되었지

때로는 서툴고 때때로 모자라도
너의 부족함 늘 채워주고픈 것은
오로지 어미, 어미기 때문이지

-「어미」 전문

그런 엄마는, 처음부터 야물고, 뭘 잘 알아서 어미가 된 것이 아니라 자식을 키우며 야물어지고, 자식을 가르치며 배웠고, 부딪치며 터득하고, 고난을 스승 삼고, 세파에 맞서면서 강한 어미가 된 것이다. 오로지 어미이기 때문에 어미가 된 것이다.

'뙤약볕에 물주고 김매며 / 마음 판에 새긴 인내 / 두 주먹 불끈 쥐고 세파에 맞서'는 이러한 과정을 거치며 불굴의 어미가 되었다.

지아비를 잃은 슬픔과 어린 자식들을 지켜야 하는 어미의 아픔이 시리도록 가슴을 저미는 시이다. 이러한 슬픔과 아픔은 「오월의 손님」과 같은 시에도 고스란히 드러나 있다.

'해마다 오월이 오면 / 아들 며느리 딸 사위 / 모두 다 둘러앉아 / 호호 하하 즐거운 날' 「오월의 손님」 시인은 '그 무엇으로도 채울 수 없는' 마음이 텅 빈 것 같은 허전함을 느낀다. 그 이유는 쉰아홉에 일찍 돌아가신 어머니와 쉰여섯 젊은 나이에 떠나버린 남편 생각 때문이다. 어머니와 남편을 떠나보내고 어린 자식들 데리고 홀로 살아낸 삶은 '가시덤불' 길이었고, 발은 '찢기고 부르텄었다.' '이제는 굳은살로 무뎌졌는데도' 오월과 같은 가족들이 모이는 단란한 때가 되면 아직도 불청객처럼 찾아와 '스멀스멀 열병을' 도지게 하는 것이다. 이 헛헛한 마음, 스멀스멀 도지는 열병을 '오월의 손님'이라는 탁월한 은유로 형상화한 것이다.

시인의 눈에는 자꾸 이러한 사물이 들어온다. 동병상련의 마음의 눈으로 바라보기 때문이다. 「짝 잃은 백로」를 보자.

호수에 한가한 원앙새 부부
자맥질하는 물오리 가족들
거기 한 마리 백로

호수에 황금 이부자리 깔리면
휘청거리며 숲속 집으로
혼자 돌아가는 백로

고개를 쑤-욱 빼고
한참 사방을 두리번거리다가
날개 죽지에 가만히 얼굴 묻는다

밤이면 더 옥죄이는 로올병
어둠 속 뒤척이며
홀로 흘렸을 눈물. 그 눈물!

-「짝 잃은 백로」 전문

호수에 원앙새 부부는 한가하게 노닐고 있고, 물오리 가족들은 즐겁게 자맥질하는데, 백로는 외롭게 '혼자'다. 저녁이 되어 노을이 호수에 이불처럼 깔리면 백로는 '휘청거리며' '혼자' 숲속 집으로 돌아간다. '고개를 쑤–욱 빼고 / 한참 사방을 두리번거리다가 / 날개 죽지에' 가만히 고개를 숙여 얼굴을 묻는다. '밤이면 더욱 옥죄이는 로올병 / 어둠 속 뒤척이며 / 홀로' 눈물을 흘린다. 외로움이 지나치리만큼 솔직하게 표현되어 있다. 그러나, "시는 원래 솔직한 것이다. 시는 생명을 가진 영혼이 감정과 경험을 깨닫기 위해 표출하는 외침, 울부짖음, 한숨, 몸짓, 반응이다." 헤르만 헤세의 말이다.

4. 슬픈 삶의 해학적 표현

그렇다고 신두업 시인이 슬픔과 고통과 외로움의 삶을 비극적으로만 인식하는 것은 결코 아니다. 슬픈 삶을 능청스럽게 해학적으로 너스레 떠는 다음과 같은 시를 보자.

무슨 일인지 골이 잔뜩 난 돌쇠댁
식은밥 찬물에 말아 앵돌아진 밥알 같다

어쩔 수 없이 노모의 밥상을 차린 돌쇠
어무니요. 날씨도 무덥고 반찬도 그렇고
그냥 냉수에 찬밥 말았구만요
찬은 실헌 풋고추에 된장이면 닥상이제

등 돌리고 누운 마누라

허리춤을 풀며 구시렁거리는 돌쇠
엄니가 물에 말은 찬밥에는
실헌 고추가 닥상이라고 했은께
-「돌쇠의 해법」 전문

무슨 일 때문인지는 모르지만 돌쇠 댁은 잔뜩 화가 나 있다. 늙은 시어머니의 진지상을 차려드릴 생각도 전혀 없다. 할 수 없이 돌쇠 자신이 차릴 수밖에…… 그러나 워낙 가난한 살림인 데다가 부엌살림에 서툰 돌쇠는 냉수에 밥 말고 된장에 풋고추를 상에 올렸을 뿐이다. 그걸 모를 리 없는 노모는 반찬은 실한 풋고추에 된장이면 닥상(전라도 방언- 충분하다, 됐다, 그만이다) 이라고 말한다. 밤이 되었다. 아직도 골이 안 풀린 돌쇠 댁은 등 돌리고 돌아누워 있다. 부부싸움은 칼로 물 베기라는 말도 있고, 하룻밤 자고 나면 다 풀린다고 하지 않았던가. 하룻밤의 운우지정이면 그런 것쯤은 다 풀릴 것이었다. 찬밥에는 실한 풋고추가 그만이라던 노모의 말을 떠올리며 돌쇠는 허리끈을 푼다. 찬밥같이 냉랭한 돌쇠 댁에게는 돌쇠의 실하고 풋풋한 고추가 그만일 것이다.

찬밥과 골이 난 돌쇠 댁, 된장의 풋고추와 돌쇠의 실한 고추의 의미가 기가 막히게 버무려지는 맛깔난 해학이 아닐 수 없다.

자궁에서 요구르트병을 꺼낸 의사
"빈 병에 의한 염증으로 생긴 통증입니다"

기막힌 칠순 아들 "어무니요 막내동생 가졌다네요"
"오메 영감도 없는디 먼 일이다냐 남세스럽게
그나저나 낳아분께 가볍고 개운한디
나 배고파서 죽것은께 얼릉 미역국에 밥이나 좀 주라"

구 남매 낳아 기르신 요구르트 빈 병 같은 노모
살망살망 어깨를 주물러드리는 막내아들
"아이고! 울 엄니 어째야 좋을지 모르것네"한숨인데
"워매 씨언헌거 이따 느그 집 갈 때 곳간에서
쌀 한 가마니 싣고 가거라 이-잉" 얼척없는 말씀

-「어째야 쓰까이」 부분

치매 끼가 있는 구순 노모가 통증을 호소하며 자궁암에 걸렸다고 병원에 가자고 한다. 진찰 결과 자궁 속에 요구르트 빈 병을 집어넣은 것이 원인이 되어 염증이 생기고 통증이 심하게 되었다는 것을 알게 된다. 아들은 참으로 서글프고 기가 막혔지만, 자궁에 요구르트 병이 들어간 것을 두고, 막내동생을 가졌다고 농으로 눙치고 있다. 영감도 없는데 아이를 가졌으니 남세스러워 어쩌면 좋으냐고 노모는 한 걱정이다. 눙치는 아들이나 엉뚱한 걱정을 늘어놓는 노모나 모두 우리를 슬픔 속에서도 눈물 찔끔거리며 웃지 않을 수 없게 만든다. 요구르트 빈 병은 빼내었다. 아이를 출산한 셈이다. 애를 낳고 나니 가볍고 개운하다며 얼른 미역국 달라는 노모, 게다가 한술 더 떠, 집에 갈 때는 곳간에서 쌀 한 가마니 싣고 가라는 얼척 없는 노모의 말씀. 신두업의 시에는 기막힌 슬픔의 상황에서도 허허로운 웃음으로 마음을 눅이는 이런 해학이 들어 있다.

그의 또 다른 시 「세들인 적 읍는디」를 보자. 팔순 넘은 언니는 구순의 영감님을 병구완하고 있다. 요양병원에라도 입원하면 훨씬 수월할 텐데 영감님은 말도 못 꺼내게 눈을 부라리며 거부한다. 할 수 없이 집에서 환자를 돌볼 수밖에 없는 형편이다. 애써 기저귀를 채워주면 다 빼내어 버리고 이불 요에 대소변을 실수해 더럽히는 바람에 엄동설한에 빨래하다가 죽을 판이다. 그런 판에 천장에서는 쥐새끼들마저 시끌벅적 난리를 친다. 그런 상황에서도, 쥐들에게 세 들인 적 없는데 저 난리라고 능청을 떤다. 그러면서 영감님에게 화가 나면 쥐들에게 소리 한 번 확 질러버리면 속이 확 풀려버린다고 말한다.(「세들인 적 읍는디」) 얼마나 마음이 헐거워지는 해학적인 모습인가.

이처럼 신두업의 시에는 슬픔도 해학적으로 녹여내는 색다른 힘이 있다.

5. 현 세태에 대한 풍자

그런가 하면 신두업 시인의 현 세태에 대한 풍자도 보통이 아니다.

이 웬수 덩어리들!
눈을 부라리며
제초제를 확 뿌린다

텃밭에서 제 영역을 넓히던
바래기 명아주 쇠비름이 소리친다
이거, 왜 이러시나!
이 땅은 원래 당신 것이 아니여
농약, 우리만 죽는 것이 아니여

당신 오장육부에도 쫘악 스며들어
바래기처럼 뿌리박아 줄기 뻗고
어느 날 반란을 일으키면
방사선, 항암제도 속수무책
쇠비름 근성의 글리포세이트 각오하쇼

진즉에 심보 고쳐 잡수시고
우리 그냥 서로 밀고 당기며
아웅다웅 함께 사는 게 어떻것소

-「함께 사는 게 어떻것소」 전문

텃밭 농사를 짓는 것은 어쩌면 잡초들과의 전쟁인지도 모른다. 뽑고 돌아서면 또 나고, 뽑고 돌아서면 수북하게 또 자란다.

웬수 같은 잡초들에게 눈을 부라리며 제초제를 확 뿌린다. 잡초들이 항변하며 소리친다. 이 땅은 원래 인간의 땅이 아니라 잡초들의 땅이었다고 따지고 든다. 그리고 농약을 뿌리면 잡초만 죽는 것이 아니라 결국은 인간도 죽게 된다고 경고한다. 독성이 오장육부에 스며들고 뿌리 뻗고 자라서 암이 되고 병이 되어 속수무책인 것을 왜 모르느냐고 힐난한다. 그러니, 진즉에 심보 고쳐먹고 서로 어울려 함께 사는 게 어떻겠느냐고 협상을 제안한다. 인간 사회에서도 갑을 관계를 청산하고 함께 어울려 사는 게 어떻겠느냐는 풍자로 읽힐 수 있는 시이다.

신두업 시인의 또 다른 면모를 엿볼 수 있는 주목할 만한 시이다.

누구나 쉽게 오르지는 못할지라도
정상을 오른 이의 기쁨도 잠시다
높고 탁 트였어도 사방은 낭떠러지
온갖 바람 세차게 불어와 뒤흔들고
정수리로 내리쪼이는 따가운 햇볕
함부로 오래 머물 수 없는 곳이다

오른 것만이 전부가 아니다
석양을 이운 저녁나절 등에 업힌 산비탈
허리를 굽히고 조심 또 조심
환희의 자리는 뒤돌아보지도 말자
무사히 집으로 돌아가야 생의 완주다

-「정상」 부분

산의 정상뿐만 아니라, 현대사회의 단체 조직에서도 마찬가지일 것이다. 정상의 자리에 오르기는 참으로 힘들고 험난하다. 정상에 올라가면 기세도 당당하고 거칠 것이 없을 것 같지만, 사실은 정상이란 곳은 사방이 낭떠러지이고 온갖 바람이 세차게 부는 위험한 곳이다. 오래 머물 수 없는 곳이다. 그래서 오를 때 보다는 내려올 때 더 조심해야 되고, 오르기보다 내려오기를 잘 해야 한다. 잘 내려와야 마무리가 잘 되는 것이다. 시인은 정상에서 잘 내려오는 것이 생의 완주라고 말하고 있다.

우리 주변에는 높이 올라갔다가 뒤흔들리고 망신을 당하고 상처투성이로 넘어지는 사람들이 의외로 많다. 내려올 시기를 놓치거나 조심하지 못하여 인생에 오점을 남기는 사람들 또한 적지 않다.

그런가 하면, 「혀」 같은 시를 보면, 혀를 잘 지키지 못하여 낭패를 당하는 일 또한 너무도 많다. 구시화문(口是禍門)이라고 했던가. 혀로 인하여 패가망신하고, 사회와 국가를 어지럽히기도 한다. 시 「혀」에는 이러한 세태와 비수 같은 혀의 피해가 풍자적으로 잘 표현되어 있다.

으슥한 곳이나 방만한 장소
슬슬 틈새를 노리다 한순간
휘감아 낚아채는 음흉한 동물

목숨을 노리는 살모사

정신을 호리는 화사
난데없이 덮치는 능구렁이

-「뱀들의 기승」 부분

그런가 하면 「뱀들의 기승」 같은 시에서는 목숨을 노리는 살모사, 정신을 호리는 꽃뱀, 음흉하게 덮치는 능구렁이를 내세워, 우리 삶의 곳곳에 숨어 있는 치명적이고 사악한 위험 요소들을 섬뜩하게 풍자하고 있다.

6. 사랑을 깨닫다

한 번 빠졌다 하면 / 여간해선 못 벗어나지//
버둥거릴수록 / 점점 더 빠져들지 -「사랑1 - 늪」 전문

많고 많은 / 꽃들 두고 // 하필이면 //
불꽃을 찾아 / 한목숨 사르느냐 -「사랑2 - 불나비」 전문

돌멩이 던지지 마라 // 요동치는 파문 //
몇 날을 뒤척인다 -「사랑3 - 호수」 전문

칠 년 기다려 / 단장한 날개옷 //
한여름 초록 무대 / 벼리고 다듬은 목청 /
절절한 세레나데 - 「사랑4 - 매미」 전문

맑은 날 궂은 날도 지내왔다. 세월도 많이 흘렀다. 산전수전 다 겪었다. 사랑도 했다. 미워도 했다. 이별도 했다. 원망도 했다. 그리워도 했다. 이를 악물고 참기도 했다. 그러다 보니 사랑이란 이런 것이구나 하는 깨달음도 얻게 되었다.

'사랑'이란 한 번 빠졌다 하면 여간해선 못 벗어나는 늪, 버둥거릴수록 점점 더 깊이 빠져드는 그런 늪이고, 많고 많은 꽃을 두고 하필이면 불꽃을 찾아 한목숨 사르는 불나비와 같은 것이다. 제발 잔잔한 가슴에 유혹의 돌을 던지지 마라. 안 그런 척 시치미를 떼고 있지만 요동치는 파문으로 실은 몇 날을 뒤척이며 잠을 이루지 못하는 그런 것이 사랑이다. 굼벵이에서 칠 년을 기다려 변화된 매미는 날개옷 단장하고 한여름 초록 무대에 오른다. 그 매미가 벼리고 다듬은 목청으로 절절하게 부르는 세레나데, 그런 것이 사랑이다.

요즈음 시단에서 극서정시(極抒情詩)가 부쩍 관심이 높아지고 있는데, 신두업 시인의 '사랑' 연작은 극서정시의 좋은 예가 아닌가 여겨진다. 그러고, 신 시인이 앞으로 이런 시를 더 깊이 추구해 나가지 않을까 하는 생각도 해보는 것이다.

7. 낯선 지구촌의 모습

시골 고향에서 서울 대도시로 나오고, 가정과 가족에게 발현되던 신두업 시인의 사랑과 연민은 이제 멀리 낯선 나라까지 영역을 넓히고, 사람뿐 아니라 자연과 동식물에 이르기까지 영역을 넓혀 생명과 근원에 대한 사랑과 연민으로 확장되고 성숙된다.

카투초 꽃이 샛노란 사막
언제나 물이 그리워
바람도 물결무늬만 그리는 데스밸리
사막을 둘러친 구릉 골골 흙빛은
황갈색 바탕에 파랑 노랑 분홍 보라 등
겹겹이 색동으로 아티스트 팔레트 같다

(중략)

허공을 솟구치는 거대한 회오리 폭풍
거기, 날개 퍼덕이며 우짖는 까마귀 가족
서걱서걱 소금 쌓인 도랑에 뿌리내린 골풀
쏘-옥 내미는 푸른 잎사귀
나는 무릎을 꿇지 않을 수 없다

-「데스밸리- 죽음의 계곡」 부분

데스밸리– 죽음의 계곡이다. 언제나 물이 그리운 사막을 둘러친 골짜기는 겹겹의 지층이 켜켜마다 황갈색 바탕에 파랑 노랑 분홍 보라 등 색깔이 다른 색동이다. 마치 아티스트의 팔레트 같다. 해발 마이너스 팔십오 미터에 펼쳐진 하얀 소금강은 이억 년 전에는 바다였던 곳이다.

이곳에서 시인은, 말 엉덩이 박차며 채찍을 휘둘러 죽음의 계곡을 넘어가던 서부의 개척자를 상상하며 떠올린다. 서걱서걱 소금 쌓인 도랑에서도 뿌리를 내리고 푸른 잎사귀를 내미는 골풀을 보며 이 끈질긴 생명력 앞에 외경심을 가지고 무릎을 꿇지 않을 수 없게 된다. 자기성찰과 반성이 두드러진 시이다.

'레드우드 수목원'은 유황이 부글거리는 늪지를 에워싸고 하늘을 찌를 듯한 나무들이 자라는 곳이다. 화산지대의 흔들리는 지반에 뿌리를 묻고도 나무들은 자라고, 천둥 번개 비바람에 쓰러진 몸에서도 마디마디 새순을 돋아낸다. 줄지어 아름드리로 커 가는 희한한 나무들이 있는 수목원이다. (「레드우드 수목원에서」)

이 수목원의 나무들을 보며, 자신의 부족함은 생각지 않고 때때로 환경만 탓하던 잘못을 반성하게 된다. 생명에 대한 외경과 자기성찰이 돋보이는 시이다.

요란한 목소리 현란한 눈빛으로 유혹하는 기기들
슬슬 야릇한 미소 흘리며 앉은 사람들
서로에게 빨대를 꽂고 야금야금 주고받다가
어느 순간 왕창, 점점 헤어나지 못하고

밤새도록 젖 먹던 힘까지 다 쏟아도 빈털터리

희뿌연 아침 아편 중독자 같은 모습
수족 같은 애마를 끌고 경매장으로
지폐뭉치 거며 쥐자 귀신에 홀린 듯
다시 허겁지겁 달려가는 걸귀 모양새
사막에 웅크린 함정 아닌 함정의 도시

-「함정 아닌 함정의 도시 -라스베이거스」 부분

라스베이거스의 야경은 황홀하다. 그러나 시인의 눈에 그 도시는 화려함 속에 함정을 숨기고 있는 묘한 도시로 파악된다. 요란한 목소리, 현란한 눈빛의 게임기들은 사람들의 돈주머니에 빨대를 꽂고 야금야금 주고받다가 결국에는 몽땅 빨아먹는 흡혈귀와 같은 존재다. 화려한 함정에 빠져 주머니를 털린 도박꾼들은 아편 중독자 같은 걸귀로 전락한다. 라스베이거스는 이렇게 사막에 웅크린 함정 아닌 함정을 품고 있는 도시였던 것이다

고약한 냄새, 샌디에이고 라호야 해변
검은 머리 소녀가 발을 동동 구르고 있다

금방 새끼를 출산한 어미 물개
탯줄을 자르고 낑낑거리며 바다로 간다

마미는 파란 눈 금빛 머리
딸애는 검은 머리 까만 눈동자

자라나면서 들었던 슬픈 동화 같은
저 태평양 건너 할머니 나라 이야기

길러주신 마미의 사랑은 넘쳐도
마음 한켠 언제나 똬리 튼 물음표

소녀는 울며 Don't go. Come back 외쳐보지만
뒤도 돌아보지 않고 바다로 가는 어미 물개

-「소녀와 물개」 전문

샌디에이고 라호야 해변에서 시인은 특별한 경험을 하게 된다. 금방 새끼를 출산한 어미 물개가 탯줄을 자르고 끼낑거리며 바다로 떠나는 장면을 본 것이다. 그 옆에는 파란 눈 금빛 머리의 엄마와 검은 머리 까만 눈동자의 딸이 있다. 아마도 미국에 입양된 동양의 소녀로 보인다. 자라면서 들었던 태평양 건너 할머니 나라의 슬픈 동화 같은 이야기가 깔려 있는 시이다. 길러주신 어머니의 사랑이 비록 넘친다 해도, 낳아주신 엄마와 모국에 대한 그리움은 핏줄에 진하게 흐르고 있었을 것이다. 새끼 물개에 이입된 소녀의 슬픔은 떠나는 어미를 향해 'Don't go. Come back'이라고 외치며 울부짖게 한다. 가슴 절절한 감정이입의 시다.

지구촌의 낯선 이국땅에서 새로운 시각으로 현실을 파악하고 자기를 성찰하며 사람과 자연 그리고 동식물에 이르기까지 사랑과 연민의 감정을 확장해 나가는 시인의 성숙 된 모습을 우리는 이런 시들을 통해 엿볼 수 있다.

8. 인생 – 빈집 – 시로 삶

'새 주인을 찾습니다'
구순 노모 떠나신 뒤 덩그러니 남은 집

뒤란의 푸른 왕대밭은 꽃이 피어 노랗고
낡은 잇몸처럼 벌어지고 이엉마저 벗어진 토담
바람맞은 사립문짝은 아예 누워버렸습니다

햇살이 잠시 머물다간 툇마루엔 먼지 몇 됫박
삐걱대는 부엌문 너머 온기 잃은 아궁이 둘
아홉 가족 따스했던 부뚜막은 서생원 놀이터입니다

농기구 널브러진 헛간은 거미들의 다세대단지
한여름 잡풀만 무성하던 텃밭에는
마늘 몇 이랑만 초병인 양 파랗게 서 있습니다

마당 가 허리 굽은 감나무는 홍등 내걸고
이제나 오실까 저제나 오시려나 주인을 기다립니다

-「빈집」 전문

어머니가 혼자 사시다가 돌아가신 뒤 덩그러니 남은 빈집, '뒤란의 푸른 왕대밭은 꽃이 피어 노랗고 / 낡은 잇몸처럼 벌어지고 이엉마저 벗어진 토담 / 바람맞은 사립문짝은 아예 누워버렸습니다' 툇마루엔 먼지가 쌓이고, 문은 삐걱거리고, 쥐들의 놀이터가 되었다. 텃밭은 잡초만 무성하다. 마당가의 허리 굽은 감나무만이 등불처럼 빨간 감을 내걸고 이제나 오실까 저제나 오시려나 주인을 기다리고 있다. 선명한 그림이 고스란히 그려진다.

그러나 어찌 이 이야기가 시골 고향의 빈집 이야기이기만 할 것인가. 빈집 2, 3에서 보듯 시인 자신도 빈집이라는 이야기이지 않겠는가. 우리 모두 다 빈집이요, 인생이란 것도 따지고 보면 빈집이지 않겠는가 말이다.

'빈집'이라는 은유의 발견과 깨달음은, 참으로 힘든 삶을 참으로 열심히 성실하게 사랑으로 살아낸 시인에게 찾아온 소중한 선물이 아니겠는가. 빈집은 낡고 허물어져 가는 빈집이 아니 라, 비울 것 다 비워내고 홀가분해진 빈집, 공간이 여유롭고 넉넉해진 빈집, 새로운 온기와 향기를 품을 수 있는 빈집이 된 것이다.

이제 요즘 시인은 어떻게 살고 있는가? 하얀 꽃 흐드러지는 날 산책도 하고(「하얀꽃 흐드러질 때」), 아기자기한 산길 따라 바람소리

산새소리 들으며 초목들과 함께 행과 연을 나누어 시를 지으며 산다.(「그 산에 가면」) 위 아랫집 이웃들과 경비원 아저씨들과 어울려 산다. (「혼자가 아닌 것을」)

훨씬 넉넉해지고 품이 넓어진 원숙한 경지에 이른 것이다. 이러한 삶에서 많은 부분을 차지하며 삶을 이끌어가는 소중한 일이 있으니, 그것은 바로 시를 쓰는 일이다. 시를 쓰며 세상과 소통하고, 자기를 성찰하며, 위안을 얻고, 구원에 이르는 '시로 사는 삶'을 살고 있다.

새로 낸 시집 한 권
고향 마을 아제께 부쳐드렸다
며칠 후 택배로 온 죽순 한 상자
갖은 양념에 달달 볶아 들깨가루 한 숟갈
아삭아삭 구수하게 퍼지는 고향의 맛
불현듯 겹쳐지는 아버님 얼굴
'죽순나물 먹으면 삶의 마디마디 풀리지 않는다'고
어쩌다 부러진 죽순마저 버리시던 그 모습!

-「죽순」 부분

겨우내 눈덩이에 짓눌린 음지
뼛속까지 스미는 눈물 삼키며
오월에야 꽃피운 진달래

시기는 놓쳤어도 너는 참꽃

핏발선 꽃망울 터지던 날
양지에 선 동무들 녹색 깃발 흔들며
저만치 앞서가도 언 땅 딛고
용쓰며 피워내는 분홍 꽃숭어리

농촌의 딸부잣집 계집아이
이리 치우치고 저리 밀려
늦깎이로 입문한 시(詩)의 길
좁은 지경 부족한 자양분도 스스로 찾아

계절 잊은 채 밤낮으로 짓고
부수며 또 짓는 한 구절 한 행
언젠가는 꼭 피우리라 참꽃처럼

-「늦깎이 진달래」 전문

'겨우내 눈덩이에 짓눌린 음지'에서 '뼛속까지 스미는 눈물 삼키며' 힘들게 살아온 시인은 '오월에야 꽃피운 진달래'꽃이다. 시기는 놓쳤어도 오십이 넘은 나이에 장하게 고등학교 과정을 마치고 대학교 문예창작학과를 졸업하였다. 신두업 시인은 불굴의 여인, 의지의 한국인이며, 시의 꽃을 피워낸 참꽃 진달래다.

'농촌의 계집아이 / 이리 치우치고 저리 밀려 / 늦깎이로 입문한 시의 길'이었지만, '좁은 지경 부족한 자양분도 스스로 찾아 // 계절을 잊은 채 밤낮으로 짓고 / 부수며 또 짓는 한 구절 한 행 / 언젠가는 꼭 피우리라 참꽃처럼' 이렇게 다짐하고 있다. 그러나 우리는 알고 있다. 신두업 시인은 진달래 참꽃처럼 진실 되고 아름다운 꽃을 이미 피워냈다는 것을!

자, 이제 우리는 신두업 시인이 시로 쓴 자서전의 뒷장을 덮을 때가 되었다. 두업 콩은 이제 거듭나고 거듭나서 진한 간장이 되고, 잘 발효된 된장이 되었다. 드디어 마침내 콩의 시가 된 것이다.

세 번째 시집 『이름값』의 발간을 축하드리며, 아무쪼록 진달래 참꽃 같은 시, 진한 간장, 잘 발효된 된장 같은 시를 많이많이 쓰시어, 집안 가득 알찬 시가 채워지고, 시와 같은 삶을 사시기를 기원한다.

이름값

신두업 시집

발 행 처 · 도서출판 **청어**
발 행 인 · 이영철
영 업 · 이동호
홍 보 · 천성래
기 획 · 남기환
편 집 · 방세화
디 자 인 · 이수빈 | 김영은
제작이사 · 공병한
인 쇄 · 두리터

등 록 · 1999년 5월 3일
(제1999-000063호)

1판 1쇄 발행 · 2020년 1월 30일

주소 · 서울특별시 서초구 남부순환로 364길 8-15 동일빌딩 2층
대표전화 · 02-586-0477
팩시밀리 · 0303-0942-0478

홈페이지 · www.chungeobook.com
E-mail · ppi20@hanmail.net
ISBN · 979-11-5860-734-0(03810)

이 도서의 국립중앙도서관 출판시도서목록(CIP)은 서지정보유통지원시스템 홈페이지(http://seoji.nl.go.kr)와 국가자료공동목록시스템(http://www.nl.go.kr/kolisnet)에서 이용하실 수 있습니다.(CIP제어번호: CIP2020001000)